LE ROYALISTE

OU

LETTRES

D'UN FRANÇAIS RÉFUGIÉ SUR LES BORDS DU RHIN.

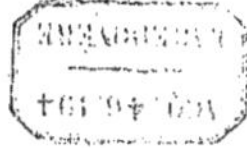

NEUWIED.

1791.

PREMIERE LETTRE.

AUX IMPARTIAUX.

Je ne ſuis ni ariſtocrate ni démocrate, je ſuis Français. J'adore mon Roi parce qu'il eſt bon; j'aime ma nation parce qu'elle eſt eſtimable. J'ai gémi vingt ans ſur les inconſéquences de la Cour; le deſpotiſme tyrannique des miniſtres; l'arrogance de la nobleſſe: l'indécente opulence du clergé; la hauteur, les injuſtices, les prévarications des parlemens; les exactions, les brigandages des financiers; la foibleſſe, la baſſeſſe & la miſere des peuples; jugez avec quel plaiſir j'ai vu ſe lever ſur la France l'aurore d'un jour plus pur; avec quel enthouſiaſme j'ai applaudi à l'aſſemblée nationale, lorſqu'elle a oſé porter le flambeau de la vérité autour du trône, & briſer la barriere qui ſéparait le Roi & le peuple; je l'ai bénie quand elle a prononcé la reſponſabilité des miniſtres; qu'elle a rabaiſſé l'arrogance de la nobleſſe ; qu'elle a rappellé le clergé à ſa pureté primitive en lui faiſant regorger ces tréſors arrachés pendant douze ſiecles au fanatiſme & à l'imbécillité de nos ancêtres. Je lui ai applaudi quand elle a placé dans le temple de la juſtice des juges modeſtes ſur les trônes de mille tyrans injuſtes & ſuperbes ; quand elle a arraché aux vautours de la finance, ces griffes dont ils déchiroient le peuple ; enfin j'ai verſé autant de larmes de joie à la fédération du 14 juillet 1790, que j'en avois répandu de douleur & de honte ſur les journées du 14 juillet, du 6 octobre 1789, & ſur ce décret impolitique, injuſte, odieux, qui prononce l'extinction de la nobleſſe françaiſe. Depuis ce décret je n'entends parler que de crimes de leſe-nation & de projet de contre-révolution. Les uns les mépriſent comme des contes de revenans inventés par la peur ; les autres plus fins veulent que ces bruits ſoient accrédités par la politique même des conſtitutionnaires pour maintenir le peuple dans une inquiétude armée, & ne point laiſſer refroidir ſon zele pour la liberté. Les impartiaux ſe demandent : la révolution eſt-elle possible? Oui, Messieurs, car c'est pour vous seuls que j'écris, elle est possible; je dis plus; elle se fera, elle réussira, & je vais vous le prouver.

Un grand homme a dit, *le passé commande l'avenir*; c'est donc par le passé que nous devons juger des événemens que nous cache l'avenir; le philosophe perce son obscurité par les rapprochemens. Je vais m'armer de ce fil pour pénétrer dans le labyrinthe des probabilités. Je ne me perdrai pas dans l'antiquité des siecles, ni dans les fastes des nations étrangeres, je vais ouvrir l'histoire de France; je vais interroger des ombres dont les tombeaux sont à peine fermés, les ombres de ces fameux chefs de la ligue, qui devoient tondre *Henri III*, repousser le *Navarrois* dans les montagnes du Béarn, déraciner la tige des *Bourbons*, & placer sur le trône françois la maison de *Lorraine* : transportons nous donc un moment à l'année 1590 (il y a tout juste 200 ans.) *Henri III* dormoit sur le trône autour duquel veilloient les *Guises* & le roi de *Navarre*. Les princes *Lorrains*, les évêques, la noblesse s'assemblent à Peronne; la sainte ligue y eſt ſignée. Elle s'empare des places fortes; les recettes du Roi ſont enlevées; on ſe pourvoit d'armes; on fait des magaſins; on forme des *milices nationales*, des *gardes bourgeoiſes*; le noble, le prêtre, l'artiſan, ſont ſoldats ſous le même drapeau; la France n'offre plus qu'un vaſte camp. Toutes les provinces levent à la fois l'étendart de la rebellion; la France s'ébranle juſqu'en ſes fondemens; tous les ordres de l'Etat ſe diſpoſent à une révolution prochaine. Voici ce qu'écrit de Thou. „ On „ ſe prépare à exécuter les plans dreſſés „ depuis long-tems : ils conſiſtoient à „ s'emparer de la Baſtille, de l'Arſenal... „ Ces choſes achevées les ligueurs ne bor„ noient plus leurs eſpérances; ils arrê„ toient le Roi, le gardoient en priſon, „ lui défendoient de ſe mêler du gouver„ nement, créoient des corps pour rendre „ la juſtice, & un conſeil pour gouver„ ner l'Etat. Paris ne connut bientôt plus „ de loix, la Bourgeoiſie étoit enregi„ mentée, elle éliſoit ſes capitaines, & ſe „ formoit par de fréquens exercices „ au maniement des armes. Le peuple „ avoit ſes bannieres, des places d'aſſem-

„ blées fixes, des mots de ralliement : il „ ne falloit qu'un coup de tambour „ pour mettre ſous les armes une multi- „ tude de ſoldats, peu aguerris à la véri- „ té, mais redoutables par leur nombre. „ *Henri III*, Roi ſans caractere & ſans énergie, opprimoit ſes ſujets pour enrichir ſes mignons, & ſes mignons par leur luxe, leur orgueil & leur inſolence, fi- niſſoient d'aigrir les Français foulés par des impôts exceſſifs. Un Pape, né dans une écurie, ſorti de la fange, monte ſur la chaire de S. Pierre par un tour de ba- teleur, excommunie les rois de France & de Navarre, les déclare *génération bâtarde de la maiſon de Bourbon*. Un autre ſcélérat placé ſur le trône d'Eſpagne, nommé par l'Europe le *démon du midi*, appuie les foudres du Vatican, des lances eſpagno- les. Les Etats s'aſſemblent à Blois ; le foible *Henri* y fait aſſaſſiner le duc de *Guiſe*; à cette nouvelle les Pariſiens cou- vrent de boue, mutilent les ſtatues de *Henri III*, ſes armes & ſes écuſſons ſont foulés aux pieds; on briſe ſes ſceaux. A Toulouſe ſon effigie eſt pendue à un gibet, & traînée enſuite dans les rues. La *Sor-*

bonne le déclare déchu de la royauté; chaque ſujet, ſur la foi de ſes prêtres, ſe croit libre, & aſpire à l'honneur de lui percer le ſein. Un moine obtient cette glorieuſe préférence, & le poignarde à S. Cloud.

Voilà la ſainte ligue triomphante! voilà la révolution religieuſe opérée! depuis la Dordogne juſqu'à la Meuſe, la France eſt en armes; la nobleſſe, les parlemens, les prêtres, le peuple ferment à *Henri IV* les barrières du trône. Rome l'excommunie, l'Eſpagne le combat; il eſt ſans places, ſans argent, ſans troupes; il n'a autour de lui qu'une poignée de braves ſerviteurs, & cette poignée lui ſuffit pour renverſer la ligue, conquérir ſon royaume & ſoumettre un peuple armé par le fanatiſme de religion, plus puiſſant mille fois que celui de la liberté.

Telle étoit en 1590 la poſition du vengeur du trône français. Voyons quelle eſt celle de *Louis XVI* en 1790..

De grands abus produiſent de grandes injuſtices; les injuſtices produiſent le murmure, & le murmure eſt l'avant coureur des révolutions. Les dernières pages du regne de *Louis XV* ſont écrites avec les larmes de la nation. Le mépris de la religion, des loix, des mœurs, des propriétés, de la liberté des citoyens, étoit porté à ſon comble; les rênes de l'empire étoient entre les mains d'une proſtituée & de deux ſcélérats. *Louis XV* s'enivroit & s'endormoit au bruit des plaintes de ſon peuple; la ſuite d'une débauche le plonge dans la nuit du tombeau, la France pouſſe un cri de joie, & l'eſpérance renaît. *Louis XVI* monte ſur le trône; il y monte avec un cœur pur, & le deſir d'être juſte. Il eſt ſans lumieres, ſans expérience, mais il appelle à ſon ſecours la vieilleſſe & les talens; il s'entoure de vertus. *Maurepas*, *Turgot*, *Malesherbes* ſont ſes premiers miniſtres; il leur dit: *Je ne ſais rien, mon éducation a été négligée; mais je veux rendre mon peuple heureux; aidez-moi, ne m'abandonnez pas, & je vous ſoutiendrai.* Ses vœux ne ſont point trompés; *Maurepas* rend à Thémis ſes tribunaux; *Malesherbes* briſe les fers du deſpotiſme, il ouvre les cachots dans leſquels un *La Vrilliere*, le plus ſcélérat des miniſtres, entaſſoit depuis dix ans ſes malheureuſes victimes. *Turgot* porte le flambeau de la vérité dans les ténebres de la finance; sa main pure & sévere en souleve le voile, il voit avec effroi la profondeur de l'abyme que les *Terray*, les *Laverdy* ont creusé sous le trône; il se garde bien de décourager la nation, en lui annonçant le danger de sa plaie; il ne s'occupe qu'à en arrêter les progrès; certain que le tems seul la refermera. Sur le trône est assise une jeune princesse idole de la France, & maîtresse de son époux. Les premiers jours de son empire sont marqués par des bienfaits, dont la beauté, ses graces augmentent encore le prix. Partout où paroissent ces deux augustes époux, ils reçoivent les bénédictions du peuple, partout les cœurs volent au-devant d'eux. Tels furent les premiers jours du regne de Louis XVI, Hélas! ils ont moins duré que la fleur la plus passagere.

Les courtisans, ces monstres affreux que l'enfer vomit autour des trônes pour le malheur des peuples, voyent avec terreur que leur regne est fini, s'ils laissent la vertu dans le conseil du Roi. Le cœur du Prince est incorruptible, mais il a un endroit foible ; il aime avec idolâtrie son épouse & ses freres ; ils deviennent aussitôt les instrumens de leur perfidie ; ils étudient le caractere de la Reine, de *Monsieur* & du comte d'*Artois* ; ils y trouvent le germe des foiblesses, qui sous leurs mains habiles va bientôt développer les vices & les crimes. La Reine est légere, inconséquente ; on l'entoure des *Polignac* & des *Vaudreuil*. L'Europe entiere connoit ses fautes ; *Monsieur* est avare & intéressé ; les plus beaux domaines de la couronne passent dans ses mains ; il envie tout, il achete tout ; le Roi paye tout. Le comte d'*Artois* aime le plaisir & la dépense ; on le plonge dans tous les excès du libertinage, & le duc d'*Orléans* lui escroque 80 millions. Les trésors du Roi, les biens de la nation sont à la merci de la Reine, de *Monsieur*, du comte d'*Artois* ; ils y puisent à l'envi dans le tonneau des Danaïdes. La vertu les gêne autour du trône ; elle en est écartée ; bannie, exilée, (*empoisonnée*.) Les *Fleury*, les *Clugny*, les *Calonne* succedent aux *Taboureau* & aux *Turgot*. Un *Amelot*, un *Breteuil* remplacent *Malesherbes*, & *Vergennes* saisit les rênes de l'Etat qui échappent aux mains mourantes de *Maurepas* ; enfin la chûte du trône réveille le Roi de sa léthargie. *Vergennes* meurt ; un prêtre audacieux prend le timon de l'Etat, & la monarchie françaiſe s'écroule. Le Roi pour arrêter ces ruines, appelle autour de lui les notables de ſon royaume. Les trois ſcélérats ſont chaſſés ; l'un tranche lui-même ſes jours ; l'autre va cacher ſa honte ſous la pourpre romaine ; le troiſieme fuit ſur les bords de la Tamiſe, & va livrer à *Pitt* le ſecret de la plaie incurable qu'il a faite à ſa patrie. Dans ce moment reparoît le charlatan genevois, naguere convaincu d'ignorance, chaſſé & baffoué ; il remonte hardiment ſur ſes treteaux, préſente au Roi le tableau effrayant de ſa ſituation, ſéduit la nation par l'énumération même de ſes maux, & par l'impudence avec laquelle il lui annonce qu'il poſſede ſeul la divine drogue qui les guérira tous. Le peuple hébété lui donne toute ſa confiance, le Prince déſeſpéré lui abandonne tout pouvoir. Les notables effrayés ſe retirent en demandant les Etats-généraux ; le Roi les convoque : ils s'aſſemblent.

Quel étoit le but de *Louis XVI* en

aſſemblant les Etat-généraux ? de ſauver la gloire de la nation, en trouvant les moyens de faire honneur à ſes engagemens ; de faire honneur à ſes engagemens ſans ſurcharger le peuple.

Trop long-tems des miniſtres deſpotes, régens d'un Roi fainéant, qui ne vouloient, qui ne faiſoient que le mal, s'étoient environnés du ſilence & de la nuit du crime ; ils avoient attaché le bandeau ſur les yeux du peuple, & malheur au philoſophe qui portoit la main ſur ce bandeau, & eſſayoit de le ſoulever ! Les cachots de la baſtille s'ouvroient pour lui, & ſa voix s'étouffoit ſous l'épaiſſeur de ſes voûtes.

Louis XVI ne vouloit pas avoir de ſecret pour ſon peuple ; il ſe ſentit aſſez vertueux pour lui faire l'aveu ſublime de ſes foibleſſes, des fautes de ſon épouſe, des crimes de ſes miniſtres ; il appella ſon peuple pour les réparer. *Turgot* lui avoit inſpiré cette noble confiance ; ce miniſtre philoſophe dont le cœur & la main étoient purs, oſa le premier faire dire à ſon Roi la vérité à ſon peuple, il oſa le premier lui faire ſubſtituer dans ſes édits la raiſon, à cette formule abſurde & barbare, *car telle eſt notre volonté. Turgot* étoit trop franc pour tromper la nation, mais il étoit trop prudent pour la décourager en lui montrant toute la profondeur de sa plaie. Un ministre vertueux n'approche jamais du trône qu'occupe un tyran, il ne reste qu'un jour près de celui sur lequel végete un prince foible, c'est ce qui arriva à *Turgot.* Sa vertu, sa franchise plaisoient au Roi, mais au Roi seul; il ne tint qu'un instant le sceptre de la finance. Un charlatan étranger, hardi, impudent, osa mentir au Roi, au peuple français, & présentant un compte faux, endormit la nation, lui fit accroire que sa blessure n'étoit qu'une simple écorchure que sa poudre alloit guérir dans un instant. Son funeste palliatif ne fit qu'augmenter le mal, & l'abcès est enfin crevé.

Que devoient donc faire les Etats généraux.

1. Prendre une connoissance parfaite de la dette française.

2. Rechercher la cause de cette dette & sa progression.

3. Distinguer dans cette masse immense la dette légitime qui devenoit la dette nationale, la dette d'honneur, d'avec celle que

le crime avoit fait contracter à la noblesse, qui restoit la dette royale.

4. Séparer la dette nationale d'avec la dette royale.

5. Annoncer la dette nationale sacrée, & la mettre sous la garde de la nation.

6. Annuller la dette royale.

7. Trouver un moyen grand, noble, généreux, digne du peuple français pour liquider la dette nationale.

8. Etablir les besoins de l'Etat.

9. Rétablir sur une base invariable un équilibre parfait entre la dépense & la recette.

10. Diminuer les abus dans la dépense.

11. Augmenter les revenus de l'Etat par une perception mieux entendue, par une imposition plus égale & plus générale.

12. Demander au riche & soulager le peuple. Ne point perdre de vue dans toutes ces opérations, que la France, quoique riche par son propre sol, l'est encore plus par son industrie; que l'industrie est la fille de l'aisance & du luxe, que *le luxe vivifie le sol qui le fait naître, & brûle celui sur lequel il est transporté.*

Vous, dignes citoyens, qui mettant

ſous vos pieds tout eſprit de parti, n'avez qu'un noble but, celui de ſauver votre Prince & l'Etat, écoutez moi : votre cri général eſt économie, retranchement, ſuppreſſion, vous vous trompez. Loin de ſupprimer le luxe, loin de ſupprimer les dépenſes, je vous dis, moi, à vous, au Roi, aux miniſtres, à la nation, favoriſez le luxe, augmentez les dépenſes de la cour; vous, Reine, reprenez ces étoffes d'or & d'argent qui ſe fabriquent à *Lyon*, & couronnez votre tête de diamans; vous, Princes, reprenez nos antiques broderies; vous légiſlateurs, quittez vos fracs & vos chenilles indécentes. La capitale imitera la cour, les provinces ſingeront la capitale, & vous verrez bientôt toutes nos manufactures, tous nos ateliers révivifiés, & le commerce national reprendre ſon antique éclat. Que le comité chargé de la partie des finances faſſe ſeulement une juſte répartition de l'impôt, & que ſa charge ne tombe que ſur ceux qui peuvent la ſupporter. Loin d'appauvrir un grand Etat, le luxe l'enrichit, & plus le Souverain dépenſe, plus le peuple eſt heureux, & le royaume floriſſant.

Et songez bien que le luxe enrichit
Un grand Etat, s'il en perd un petit...
Le pauvre vit des vanités des grands ;
Et le travail, gagé par la mollesse,
S'ouvre à pas lents la route & la richesse.

VOLTAIRE.

Français ! que l'objet de tes dépenses ne soit pas étranger ; ne prends plus chez un peuple voisin ce que la nature t'offre chez toi, ne tire que de ton propre sol ; n'achete que dans tes manufactures & tes fabriques ; exporte, n'importe plus ; détruis enfin jusqu'en ses fondemens le cruel traité de commerce que *Vergennes* te fit signer avec l'Anglais, par lequel il livra la France à l'Angleterre.

Oui, Français, vingt années d'une guerre malheureuse, vos établissemens d'outremer ruinés, vos possessions dans l'Inde enlevées, vos flottes détruites, vos amiraux pris, vos ports comblés, vous feroient moins de tort que votre traité de commerce avec l'Angleterre.

Voyez, depuis cette époque fatale, vos manufactures épuisées, vos ateliers déserts, vos fabriques ruinées, la population diminuée, vos ouvriers mendiant leur pain, tandis que les ports d'Angleterre regorgent de votre or, & l'Anglais vengé par vous-mêmes des impolitiques secours que vous avez portés aux insurgens.

Eh! Messieurs les députés, avez-vous bien calculé dans le silence du cabinet & la plume à la main, le flux & le reflux de la charge & de l'impôt? Savez-vous que plus le Roi reçoit, plus il donne, plus il dépense, & plus il enrichit. Le souverain, dites moi, peut-il seulement dévorer un écu? ce que sa main droite reçoit, sa gauche le distribue. Ainsi, pourvu qu'à la fin de chaque année toutes les charges ayent été payées, & qu'il ne reste pas un sol dans le trésor royal, vous n'avez pas une plainte à faire; car tout ce que la nation a payé, la nation l'a reçu. Rien ne s'est perdu, rien n'est resté dans les mains du Souverain; il a ouvert le réservoir, & à mesure que les bassins supérieurs se sont remplis, ils ont deflué sur les bassins inférieurs; l'eau de la source s'est répandue partout; & retenue, mais non pas arrêtée, par de sages écluses, elle a tout arrosé sans rien inonder.

On m'objectera, peut être, que le souverain reçoit du sujet le plus pauvre & le plus

plus éloigné, & ne donne qu'au courtisan qui l'approche, & qui regorge déjà de ses bienfaits; mais ce que le souverain fait dans sa cour, le prince le fait dans son palais, le duc dans son hôtel, le marquis dans sa terre; aucun d'eux ne peut pas plus manger son or que le Souverain. Ils le font refluer sur tout ce qui les entoure; fournisseur, marchand, artiste, ouvriers, valets, tous repompent cet or, il coule à grands flots de Versailles à Paris, là il se subdivise, & Paris le renvoie à son tour en ramifications infinies aux provinces les plus éloignées en échange de leurs productions.

L'une fournit ses vins, l'autre envoie ses huiles & ses soies, celle-ci ses grains, celle-là ses fruits, une autre les bois qui la couronnent; celle même à qui la nature a refusé un sol producteur, vient étaler dans les superbes magasins de la capitale, les chef d'œuvres de l'art & de l'industrie. Paris devient le dépôt général de tous les ateliers, de toutes les fabriques du royaume, & plus on donne à Versailles, plus on dépense à Paris. L'or & la soie qui couvrent les princes, font filer la chemise de l'ouvrier lyonnais, & plus la table du Souverain eſt ſurchargée de mets rares, plus le pain du payſan du Haut Poitou & de la Baſſe Bretagne ſe bonifie, & perd de ſa noirceur & de ſon âcreté.

Gardez-vous bien, nouveaux légiſlateurs, de chercher à diminuer les revenus du prince; laiſſez au trône tout ſon éclat; augmentez le même encore s'il eſt poſſible; réparez les bévues de ce *S. Germain* qui ſupprime la Maiſon du Roi, ſans s'informer de ce qu'elle coûte, & qui ne ſait pas même ſi le courſier ſuperbe que monte ce jeune guerrier, ſi le riche habit qui le couvre, lui appartiennent, ou lui ſont fournis par le Roi.

O! combien de réformateurs ſont de vrais S. Germain!

Je viens de tracer quels étaient les devoirs des États-généraux; les ont-ils remplis? non. Qu'ont-ils fait?

Ils ont été infideles à leurs commettans, infideles à leur Roi, infideles à la nation.

Que ma plume ſe briſe entre mes doigts avant de tracer une phraſe, une ligne, un mot, qui puiſſe offenſer un bon, un loyal citoyen, révolter un lecteur honnête, ou réveiller dans aucune ame le deſir ou l'eſpoir de la vengeance. Ma lettre n'eſt point un libelle, c'eſt l'exploſion d'un cœur français doux & ſenſible. Je reſpecte l'aſſemblée nationale; je reſpecte chacun de ſes membres, de tel côté qu'il ſiege, de telle couleur qu'il ſoit. On m'afflige quand on me dit qu'il en eſt pluſieurs qui ont à pleurer ſur les erreurs de leur jeuneſſe; je m'écrie alors :

Dieu fit du repentir la vertu des mortels.

Honorés de la confiance de la nation, ſans doute ils en ſont dignes, & ſi le feu matériel peut épurer les métaux, celui du patriotiſme a-t-il moins de puiſſance ſur des hommes? Loin de moi l'idée affreuſe & barbare d'affliger mon ſemblable! la plume comme l'épée n'eſt utile ou dangereuſe que dans la main qui s'en ſaiſit. Un fer dans celle de *Bayard*, & de la *Fayette* eſt le ſoutien de la France; dans celle de *Ravaillac* & du *D....* elle en eſt le fléau.

La ligue eut ſes *Marats*, & l'infâme curé de Saint Gervais, *Linceſtre* criait auſſi, il y a deux cents ans, au peuple, *Dressez huit cents potences, & puisque la Bête (le Roi) est dans le piège, il faut l'assommer.* Sans doute, il appellait aussi la Saint Barthelemi & le meurtre de Henri III, *les Pustules de la sainte ligue.* De pareils prédicateurs ont beau se dire les *Amis du peuple*, se glorifier d'être les *Procureurs généraux de la lanterne*, ils ne sont que la honte de leur parti, & l'horreur de tous les hommes honnêtes.

Je contiendrai donc ma plume dans ce cercle respectueux que doit se décrire à lui même un homme de lettres, qui sent toute la hauteur de son état ; je ne permettrai pas même à mon âme aucun élan de sensibilité : j'ose me dire *impartial*, je dois donc raisonner froidement, il ne m'est pas permis de déclamer : j'écris, je ne suis pas dans la tribune. Il faut prouver que vous êtes infidèles à vos Commettans, au Roi, à la Nation. Voilà ma tâche, je vais la remplir ; je ne l'outre-passerai pas.

Vous êtes infidèles à vos Commettans : puisque le premier acte de votre Souveraineté a été de casser leurs mandats, de les déclarer nuls, d'annoncer qu'ils ne pouvaient vous lier contre votre volonté générale : ils vous avaient chargés de rétablir l'ordre dans les finances, & de détruire les abus & les vices du ministère. Là finissait votre mission, mais votre mission eût été de trop courte durée : vous avez changé vos rôles ; au lieu d'être Réformateurs, vous vous êtes faits Législateurs & Souverains. Au lieu de redresser l'arbre de la monarchie Française qu'un demi-siècle d'orage venait de faire plier, vous l'avez abattu à vos pieds. Vous avez donc outre-passé vos pouvoirs, vous êtes donc infidèles à vos Commettans.

Vous êtes infidèles à votre Roi ; ce prince vertueux vous appelle autour de lui comme ses enfans ; il vous ouvre son cœur paternel ; il vous confie les angoisses de son ame ; il verse ses larmes dans votre sein. Que faites-vous ? vous abusez de sa candeur, de sa confiance, pour l'arracher de dessus son trône. Quatre corps également respectables, le clergé, la noblesse, la magistrature & le peuple, formant la nation entiere, soutenaient ce trône depuis douze siecles ; vous détruisez en un instant la religion, la loi, la noblesse. Le trône privé de ses trois soutiens, s'écroule sous son Roi; vous vous placez aussitôt sur ses débris; vous foulez à vos pieds ce prince trop confiant; vous le chargez de fers; vous l'amenez en triomphe au milieu de ces mêmes assassins qui viennent de lever leurs poignards sur une épouse qu'il adore, qui portent devant lui les têtes pâles & sanglantes de ses gardes égorgés dans son palais, sous ses yeux, & quand dans ce moment terrible, dans ce moment de douleur, d'effroi, de désespoir, ce Roi vous prie de venir autour de lui, de vous placer entre le peuple & lui, vous avez la barbarie de lui répondre froidement, *que la dignité de l'assemblée nationale ne lui permet pas de lui porter aucun secours, aucune consolation.....* J'arrête ici ma plume, & je me contente de dire : vous avez été infidèles à votre Roi.

Vous l'êtes à la nation, puisque vous avez changé sa constitution; car elle en avait une qui la rendait la premiere de l'univers. Qu'est elle aujourd'hui ? & ne dites pas que la nation française étoit sans constitution. De votre aveu, c'était une monarchie, composée d'un chef sous le titre de Roi, & de trois corps bien distincts, le clergé, la nobleſſe & le tiers-état; ces trois corps réunis formaient la nation, & la repréſentaient dans les Etats-généraux. Qu'avez-vous fait? vous avez caſſé ces Etats-généraux pour former une aſſemblée populaire, que vous avez appellée nationale: ſous prétexte que le peuple était ſacrifié au clergé, à la nobleſſe, & pour réparer cette inégalité, vous lui avez ſacrifié le clergé & la nobleſſe; vous les avez abattus à ſes pieds. Mais qui pouvait vous en donner le droit? Le Roi lui-même ne le pouvait pas; la nation ſeule le pouvait. L'a-t-elle fait? liſez vos pouvoirs, conſultez vos mandats. Je le répete encore: le Roi, le clergé, la nobleſſe & le tiers-état compoſent la nation; le Roi eſt dans les fers; vous avez détruit le clergé & la nobleſſe, vous venez d'anéantir les parlemens; vous avez outre paſſé, violé tous les mandats de vos commettans vous avez trompé les vœux de la nation; vous avez briſé ſa conſtitution; vous n'avez rien fait pour le bonheur du peuple; vous l'avez déshonoré, vous le ruinez; vous êtes donc infidèles à la nation, comme au Roi, comme à vos commettans.

Je n'examinerai pas combien la plupart de vos décrets sont désastreux, je n'examinerai pas même s'ils sont le fruit tardif & mûr d'une sagesse profonde & réfléchie, ou le jet d'une imagination brillante; je ne rapprocherai pas les quarante années qu'il a fallu à *Montesquieu*, pour esquisser l'Esprit des loix, des dix-huit mois qui vous ont suffi pour donner à la France une nouvelle législation; je veux seulement vous prouver que vous n'avez pas le droit de nous la donner cette nouvelle législation. Non, Messieurs, vous ne l'avez pas ce droit; il n'appartenait qu'au Roi & aux Etats-généraux représentant la nation. Or, vous n'êtes ni le Roi, ni les États-généraux.

Qu'êtes-vous donc? un corps isolé, nouveau, illégal, infidèles à ses commettans qui l'ont formé; à son Roi qui l'a crée; à la nation qui avait mis en lui son espérance, & l'avait chargé de son bonheur.

Mais du moins l'avez vous fait ce bonheur? votre déclaration des droits de l'homme est faite pour des sauvages, & non pour des citoyens; car il eſt faux que les hommes, dans l'ordre civil, naiſſent & demeurent égaux en droits. L'égalité abſolue n'eſt pas dans la nature, elle n'eſt dans aucun être; comment pourrait-elle exiſter parmi les hommes? vous reſſemblez à un jardinier ignorant qui, la faulx à la main, voudrait égaliſer l'orme ſuperbe avec le faible tilleul; ne pouvant élever le tilleul à la hauteur de l'orme, il ſerait obligé d'abattre la tête orgueilleuſe de celui-ci, & l'on ne verrait qu'un tronc mutilé à la place du Roi des arbres. Voilà l'image que nous préſente ſous votre faulx tranchante la monarchie françaiſe. Il eſt plus faux encore que toute aſſociation politique ait pour but la conſervation des droits naturels de l'homme, puiſque ce droit naturel eſt la loi du plus fort, & que toute aſſociation politique eſt le ſacrifice de ce droit du plus fort, de ce droit naturel du ſauvage, au droit général de la ſociété, qui eſt la *loi*. *La loi*, dit Rouſſeau, devenu votre oracle, & digne d'être celui de l'univers. *n'étant que la déclaration de la volonté générale; il eſt clair que dans la puiſſance légiſlative le peuple ne peut être repréſenté; mais il peut &*

doit l'être dans la puissance exécutive, qui est la force appliquée à la loi.

„ Nos politiques (c'est toujours *Rous-* „ *seau* votre oracle & le mien qui parle) „ ne pouvant diviser la souveraineté dans „ son principe, la divisent dans son objet; „ ils la divisent en force & en volonté, en „ puissance législative, en puissance exé- „ cutive, en puissance judiciaire, &c. &c. „ Tantôt ils confondent toutes ces parties, „ & tantôt ils les séparent. Ils font du „ souverain un être fantastique & formé „ de pieces rapportées; c'est comme s'ils „ composaient l'homme de plusieurs corps; „ dont l'un aurait des yeux, l'autre des „ bras, l'autre des pieds, & rien de plus.

„ Cette erreur vient de ne s'être pas „ fait des notions exactes de l'autorité „ souveraine, & d'avoir pris pour des par- „ ties de cette autorité, ce qui n'en était „ que des émanations. De sorte qu'en „ suivant toutes ces prétendues divisions, „ on trouverait que toutes les fois qu'on „ croit voir la souveraineté partagée, on „ se trompe; que les droits qu'on prend „ pour des parties de cette souveraineté, „ lui sont toutes subordonnés, & supposaient

„ toujours une volonté ſuprême dont ces „ droits ne donnent que l'exécution. „

Vous me direz, peut-être : effrayés de l'immenſité des abus qui minaient la conſtitution françaiſe, nous avons déſeſpéré de les extirper ; & nous avons calculé qu'il était plus aiſé de créer une nouvelle conſtitution, que de réformer l'ancienne. Eh bien ! Meſſieurs, c'eſt encore votre oracle qui va vous répondre.

„ Prenez garde que pour vouloir trop „ bien être, vous n'empiriez votre ſituation. „ En ſongeant à ce que vous voulez ac„ quérir, n'oubliez pas ce que vous pou„ vez perdre. Corrigez, s'il ſe peut, les „ abus de votre conſtitution, mais ne mé„ priſez pas celle qui vous a faits ce que „ vous êtes. Dans un gouvernement il „ ne faut toucher les choſes qu'avec „ une circonſpection extrême. En ce mo„ ment on eſt plus frappé des abus que „ des avantages, le tems viendra, je le „ crains, qu'on ſentira mieux ces avanta„ ges, & ce ſera malheureuſement quand „ on les aura perdus. „

Emporté par l'importance de mon ſujet, par l'abondance des objets, cette lettre, ſans m'en appercevoir, eſt devenue plus longue que je ne le croyais; & combien de choſes j'aurais encore à dire! mais il eſt tems de la terminer, mon pupitre m'appelle à des travaux plus doux & plus à ma portée. Je me réſume donc : j'ai dit, la contre-révolution eſt poſſible, elle ſe fera, elle réuſſira. La contre-révolution eſt poſſible ſi la nation eſt mécontente de la révolution ; or qu'eſt-ce que la révolution a produit ? L'aſſemblée nationale. L'aſſemblée nationale a trahi la nation compoſée du Roi & des trois ordres de l'Etat, donc la nation eſt mécontente de la révolution; donc la contre-révolution eſt poſſible, & par une conſéquence plus ſimple encore, elle ſe fera. Quand? auſſitôt que le peuple éclairé ſur ſes véritables intérêts, & par les effets mêmes de la nouvelle conſtitution, verra qu'il a été abuſé, & que ſes commettans l'ont trahi.

Fiers d'avoir envahi la puiſſance ſouveraine, vous croyez pouvoir la conſerver. „ C'eſt ainſi que les Décemvirs, dit *Rouſ-* „ *ſeau*, ayant d'abord été élus pour un „ an, puis continués pour une autre an- „ née, tenterent de retenir à perpétuité

„ leur pouvoir, en ne permettant plus aux
„ comices de s'assembler, & c'est par ce
„ moyen facile que tous les gouvernemens
„ du monde, une fois revêtus de la force
„ publique, usurpent tôt ou tard l'auto-
„ rité souveraine. „

Mais vous n'aurez pas le tems de consolider vos douze cents trônes, demain peut être le Roi va vous redemander son sceptre, le clergé ses propriétés, la noblesse française son existence, vos commettans les Etats généraux, & la nation entiere son Roi, sa religion, ses défenseurs & ses juges.

Les apôtres de la révolution me diront sans doute : comment voulez-vous que le Roi redemande à l'assemblée nationale son sceptre, le clergé ses propriétés, la noblesse française ses titres, & la nation entiere ses Etats-généraux? quand elle tient le Roi dans les fers, quand les biens du clergé sont en vente, & se vendent déjà, quand la noblesse française est anéantie, & les Etats généraux remplacés par une législature perpétuelle de 1200 députés?

Je réponds : plus l'assemblée nationale cherche à consolider son despotisme, plus elle est près de sa chûte ; car enfin, quand les Parisiens conserveraient dans l'enceinte de leurs murailles Louis XVI; quand ce Prince n'aurait jamais ni le pouvoir, ni la fermeté, ni même la volonté de briser ses fers, serait-ce la premiere fois qu'on aurait vu une nation généreuse combattre pour son Roi prisonnier ou tombé en enfance. Si le sceptre fatigue trop la main de Louis XVI, n'est-il pas le maître de le lâcher? ne le doit-il pas? Et s'il est maître d'abdiquer la couronne, la nation n'est-elle pas également maîtresse de la poser sur la tête de son fils, en lui donnant parmi les Princes de son sang, un tuteur digne d'un si précieux dépôt?

Que Louis XVI reste donc à Paris; qu'il sanctionne tous les décrets de l'assemblée nationale; qu'il s'unisse même à elle, comme *Henri de Valois* s'unissait aux *Guises* & à la sainte ligue, pour combattre le prince de *Condé* & *Henri de Bourbon*? ce n'est pas un obstacle à la contre-révolution. *Louis XVI* est prisonnier, mais le Roi ne l'est pas, & le prince de *Condé* peut dire comme *Sertorius* :

Et comme autour de moi, j'ai tous ses vrais amis;
Rome n'est plus dans Rome, elle est toute où je suis.

L'assemblée nationale vend les biens du clergé, lui enleve son temporel; mais peut-elle lui enlever cette vieille influence qu'il a encore sur les peuples? Je sais que nos prélats n'en ont aucune dans Paris; mais combien de provinces au fond desquelles la philosophie, ennemie de tout joug, n'est pas encore parvenue, combien de provinces où l'on respecte encore la religion & ses ministres! C'est dans ces provinces que le clergé opposant le fanatisme de la religion à celui de la liberté, prépare en secret le jour de sa vengeance. C'est de ces provinces que partira la foudre qui doit écraser la nouvelle constitution.

Vous ne vous flattez pas sans doute, Messieurs les députés, d'avoir anéanti la noblesse; vous ne pensez pas que votre décret ait pu changer le sang qui coule dans les veines, & qu'à la voix de M. *Barnave*, les *Bourbons*, les *Montmorency*, les *Luxembourg*, les *d'Estaing* aient oublié cette longue suite d'ayeux dont le sang tant de fois arrosa les lys triomphantes, & fixa la victoire sous nos drapeaux. En vain la noblesse est exilée, dispersée, elle n'attend que le Prince qui le premier osera lever l'oriflamme français, pour voler à lui des provinces glacées du Nord aux champs brûlans du midi. Ce Prince peut dire avec plus de vérité que *Pompée* : Je n'ai qu'à frapper du pied, la terre me fournira fur le champ cent mille chevaliers français prêts à verfer leur fang pour relever le trône des Bourbons.

Quant à la nation, elle eft aveuglée ; mais du moment que fon illufion ceffera, elle rentrera dans tous fes droits ; & faffe le ciel qu'elle y rentre fans colere, & qu'elle ne voie dans fes repréfentans que l'homme ambitieux auquel il eft beau de pardonner, & non pas le traître qu'il eft néceffaire de punir ! La contre-révolution fe fera donc ; & fans être interpellé par le comité des recherches, je vais en donner le plan, je peux en indiquer la marche.

Au moment favorable (demain peut-être, ou dans un an ou dans dix) c'eft-à-dire, quand on aura laiffé le tems au peuple français, toujours avide des nouveautés, les faififfant avec ardeur, les abandonnant bientôt par dégoût, de fe refroidir de fon enthoufiafme de liberté, quand les effets défaftreux de la nouvelle conftitution ne lui

lui montreront partout que détresse & misere; quand l'artiste, l'ouvrier, le laboureur se trouveront sans pain; quand le commerce & les beaux arts pleureront sur la fuite du luxe, quand les masques seront tombés, quand enfin l'aristocratie des douze cents sera reconnue, alors le vrai cri de la liberté se prononcera; alors le Français brisera vos douze cents trônes, & les fers de son Roi, & ceux de la nation.

Un des plus grands coups de la politique, celui peut-être qui assure le succès de la contre révolution, est cette feinte inertie de la noblesse française. Celui qui est à la tête de la contre révolution, a été assez sage pour adopter la devise de *Fabius* :

Unus homo nobis cunctando restituit rem.

Il a calculé que le peuple devait se comparer à un torrent qui brise toutes les digues que l'on oppose à sa fureur, & dont cette fureur s'écoule avec autant de rapidité que de fracas; il a deviné que le meilleur moyen de détruire l'assemblée nationale, était de ne lui opposer aucune résistance; le patriotisme est une fievre qui a besoin d'alimens, & qui se détruit par la diete. Les députés l'ont si bien senti, qu'à l'exemple de Dom, Quichotte ils se sont forgés des monstres pour les combattre, & qu'ils ont plus d'une fois pris des aîles de moulin pour des géans; pour se rendre même plus précieux à la nation, ils n'ont cessé de lui parler de complots, de crimes de lese-nation, ils ont forcé le châtelet à assassiner *Favras*, & quand ils ont vu que le cri de la populace ne dictait plus ses arrêts, quand ils ont vu qu'il avait l'audace de dénoncer ses propres membres, alors ils l'ont cassé pour élever sur ses débris un tribunal de sang, une inquisition nationale, qui va sans doute faire tomber quelques têtes imprudentes pour mettre en vogue la Haute Cour.

Mais bientôt un français, prince ou gentilhomme (n'importe son nom, n'importe son rang) convoquera le ban & l'arriere ban, en même-tems que les Etats-généraux se rassembleront dans une ville libre. Là, l'assemblée nationale sera cassée, ses décrets déclarés illégaux, & la sanction que le Roi leur a si prudemment donnée à tous indiſtinctement ſans donner dans le piege du *veto*, ſera jugée forcée. Si Louis XVI reſte entre les mains de l'aſſemblée nationale, il ſera déclaré *non-libre*, & le gouvernement du royaume ſera confié à un régent, ou à un conſeil de régence.

Alors l'armée des Français entrera dans le royaume pour exécuter les ordres des Etats-généraux, qui commenceront par rendre l'exiſtence à tous les corps détruits: la religion verra ſes autels redreſſés ; Thémis rentrera dans ſes temples, & la nobleſſe française revolera à la victoire ſous le drapeau ſans tache & ſans couleurs.

Le peuple qui n'aura rien gagné à la révolution, & auquel on accordera tout ce que les douze cents lui avaient promis, ne combattra pas pour ſes tyrans contre ſon Roi. Pendant que l'armée formée de de toute la nobleſſe françaiſe, de toutes les troupes de ligne, groſſie à chaque pas de la foule immenſe des mécontens de la révolution, renforcée des ſecours & des troupes auxiliaires de tous les Rois de l'Europe qui en ſolderont le ſoldat, marchera lentement; la juſtice, la loi & l'humanité la précéderont : les Etats-généraux repaſseront tous les décrets de l'assemblée nationale : instruits par l'expérience, ils consacreront à jamais ceux que l'admiration & la reconnaissance publique ont marqués, & dont un seul doit suffire pour rendre la personne des députés inviolable ; & faire oublier & les fautes, & les erreurs, & les attentats.

Pour se concilier le peuple, la noblesse & le clergé feront le sacrifice volontaire de leurs prérogatives exemptoires, & supporteront la charge publique également avec le cultivateur. Les moines resteront supprimés, & le bas clergé sera enrichi de leurs dépouilles ; la responsabilité des Ministres sera prononcée, & ils seront tenus de rendre compte aux Etats-généraux, qui seront convoqués tous les dix ans. Les lettres de cachet, les ordres arbitraires, les prisons d'Etat seront à jamais abolis, & nul citoyen ne sera frappé que du glaive de la Loi ; la Loi sera la volonté du Roi ; mais la volonté du Roi ne sera pas la loi. La jurisprudence criminelle & civile sera réformée, les petites justices particulieres supprimées, ainsi que la gabelle, les corvées & toutes les entraves mises au commerce & à l'induſtrie. La dette nationale ſera examinée, déterminée & conſtatée pour être payée par le clergé, la nobleſſe & le commerce réunis, avec un *papier monnoie* garanti par ces trois corps ; une juſte balance ſera établie entre la charge publique & l'impôt, & le miniſtre des finances ne ſera plus le maître de changer un ſeul article de ce tableau arrêté tous les dix ans par les Etats-généraux, & préſenté à la nation entiere.

Voilà comme ſe fera la contre révolution: & ne croyez pas que la nation entiere ſoit armée en faveur de l'aſſemblée nationale. Car d'abord, de 1200 députés qui la compoſent on peut en compter 488 de mécontens & de proteſtans. Enſuite les gardes nationales ſont pour la plupart compoſées de l'élite de la bourgeoiſie, & quand elles verront que l'armée françaiſe ne marchera que ſous l'étendard de la loi, de la juſtice & de l'humanité, quand elles ſeront certaines que, loin d'être déſarmées, elles ſeront au contraire ſanctionnées par le Roi & les Etats-généraux, elles ſeront les premieres à aſſurer la contre révolution.

Mais quand on ſuppoſerait que toutes

les gardes nationales aveuglées par le fanatisme d'une fausse liberté, voudraient soutenir les décrets de l'assemblée nationale & les arroser de leur sang; je frémis de cette idée, mais je me rappelle qu'il y a deux cents ans, *Henri IV* montant sur le trône français dont les marches ruisselaient encore de sang du faible *Valois* immolé à Saint-Cloud par un moine à la sainte ligue, trouva toute la France en armes: il n'avait pas de quoi payer 3000 Suisses qui faisaient un tiers de son armée: il avait à combattre un peuple furieux & fanatique, excité par des prêtres, effrayé des foudres du Vatican qui tonnaient sur la tête de *Henri*; l'Espagne fournissait à la sainte ligue de l'or & des troupes; *Henri* sçut vaincre tous ces obstacles & fut de ses sujets le vainqueur & le pere.

Louis XVI n'est pas *Henri IV*, il n'a pas son énergie, ses qualités guerrieres; mais il a l'amour du bien; il est aimé de sa nation, sa noblesse lui est fidelle, sa cause est celle de tous les Rois qui lui doivent tous secours & le lui fourniront: il ne manquera, quand il en sera tems, ni d'hommes, ni d'argent, & la contre-révolution ſe tentera, elle réuſſira, & fera la gloire de la France & le bonheur du peuple.

Comme cette lettre n'eſt point un libelle, mais l'expreſſion d'un cœur vraiment français, je la ſigne, à Neuwied ſur le Rhin, ce 30 Septembre 1790.

DE BEAUNOIR.

DEUXIEME LETTRE.

*A Monſieur M***.*

MONSIEUR,

Auſſi bon Français que moi dans le cœur, éloigné comme moi d'une patrie qui vous eſt toujours chere, tranſporté des rives brillantes de la Seine ſur les bords ſauvages du Rhin, vous êtes ainſi que moi une des victimes du deſpotiſme miniſteriel: malgré tous ces rapprochemens nous differons dans notre maniere de juger la révolution française, & lorſque je gémis ſur les malheurs qu'elle cauſe, vous vous réjouiſſez des abus qu'elle a réprimés, vous

vous enthousiasmez sur les biens qu'elle procurera : vous êtes le médecin *tant mieux*, lorsque je suis le médecin *tant pis* : vous ne voyez que le passé & le futur, lorsque je frémis sur le moment présent. A chaque trait que votre mémoire vous rappelle des foiblesses des Rois, des crimes des grands, du despotisme des ministres, de l'arrogance de la noblesse, de l'insolence du clergé, des injustices des parlemens ; & malheureusement ces traits ne sont pas rares, vous écriez d'un air triomphant : *Soyez donc encore aristocrate* ? Ce n'est qu'à votre corps défendant, & parce que vous savez qu'un journal honnête, appartenant au public, doit être une arene ouverte à tous les partis que vous voulez bien me permettre d'insérer dans votre charmante feuille (*), mes réflexions que vous nommez *aristocratiques* : enfin las de nous disputer à chaque minute, nous avons signé une armistice, & sans nous rien céder, nous sommes convenus de rester

---

(*) La *Correspondance littéraire secrete*, imprimée à Neuwied sur le Rhin ; la feuille la plus agréable que je connaisse, & celle qui réunit les anecdotes les plus piquantes aux nouvelles du jour les plus fraiches.

chacun dans notre opinion ; mais vous exigez cependant que je vous démontre, non les avantages de la contre-révolution, mais sa possibilité.

Comme ce ne sont pas les raisonnemens qui prouvent les faits, mais les faits qui appuyent les raisonnemens, c'est le seul genre de preuve dont je veux me servir pour vous convaincre de la proposition que j'ai avancée dans ma lettre aux impartiaux, que la contre-révolution non-seulement se tenterait, mais encore qu'elle réussirait.

C'est un roi vivant qui fait le bonheur & la gloire de la Suede, c'est Gustave III, le digne rival, le digne ami de la sublime Catherine, II qui va répondre à toutes vos objections.

Je vais d'abord donner une idée de la forme de gouvernement établie en Suede à la mort de Charles XII qui, de la monarchie la plus absolue de l'Europe, en fit tout à coup la plus limitée.

Rien de plus déplorable (j'emprunte les propres paroles de *Sheridan* dans son histoire de la derniere révolution de Suede) que l'état où l'ambition sauvage & le caractere inflexible de Charles XII avaient réduit la Suede...... Toutes les ressources de l'oppression, toutes les extorsions qu'une industrie cruelle avait pu inventer, ou que la violence d'un despote avait pu mettre à exécution, furent employées contre les Suedois, pour procurer à *Charles* les moyens de poursuivre ses chimériques projets : il suffit d'observer que les Suedois étaient prêts à voir échapper leur patience, lorsque la mort de ce prince le mit hors d'état de l'exercer plus long tems.

Les mécontentemens n'étaient point particuliers à un seul ordre de l'Etat; la noblesse & le clergé, les bourgeois & les paysans, tous avaient également souffert de la tyrannie. Mais comme leurs malheurs avaient leur source dans le pouvoir illimité de leurs deux derniers monarques, ils étaient convaincus qu'ils ne devaient plus souffrir que ce pouvoir demeurât plus long tems attaché à la couronne. Exposés aux dernieres horreurs du despotisme, ils avaient eu le loisir de pleurer la folie de s'être imposés eux-mêmes le joug sous lequel ils avaient si long-tems gém[illegible].

Ils ne placerent donc sur le trône *Ulrique*

Eléonore, sœur de *Charles XII*, épouse du prince de *Hesse*, qu'après qu'elle eut déclaré qu'elle renonçait pour elle & pour sa postérité à tout pouvoir absolu, aussi-bien qu'à toutes les prérogatives de la couronne qui seraient incompatibles avec les libertés de la nation.

Mais de simples conventions avec cette princesse pouvaient-elles suffire contre le pouvoir arbitraire ? Il fallait pour s'en préserver sûrement faire un changement total dans le gouvernement. Il fallait former une nouvelle constitution dont l'objet fût de rendre immédiatement la liberté à un peuple accoutumé depuis long-tems à une soumission servile.

De pareilles vues exigeaient de la part de ceux qui se chargeaient de l'office de législateurs, des talens, une expérience & une profondeur de connaissances que peu d'hommes possedent; enfin après avoir formé une telle constitution, la nécessité de l'établir sur des fondemens solides ne présentait pas moins de difficultés.

La liberté n'est pas une plante qui croisse tout à coup : elle n'acquiert des forces que par le tems, & ne prend racine que dans le ſol qui lui eſt propre; elle demande à être cultivée avec ſoin, elle veut être défendue avec une attention aſſidue contre les dangers qui l'environnent ſans ceſſe. Or l'expérience ſeule enſeigne les moyens de la défendre & de la cultiver; & il n'eſt guere poſſible que ceux qui ont vécu long-tems ſous une monarchie abſolue, ayent eu l'occaſion de s'en inſtruire: en vain donc établira-t-on chez un peuple une forme de gouvernement calculée pour le rendre libre, s'il n'eſt préparé à la recevoir.

Telles furent les bornes preſcrites au pouvoir de la couronne que venait de porter Charles XII, & qu'accepta Ulrique Eléonore en montant ſur le trône.

Le roi ne pouvait plus ni lever des troupes, ni bâtir des forteneſſes ſans le conſentement des Etats; il ne pouvait faire ni la paix ni la guerre, ni former des alliances, ni conclure des traités de ſa propre autorité. Il dépendait de chaque diete pour les revenus néceſſaires à ſa dépenſe ordinaire, & ils étaient accordés avec tant d'épargne que le ſuperflu de ſes finances ne le mettait certainement pas en état de regagner par son crédit, ce qui lui manquait du côté du pouvoir. Les précautions des Etats empêchaient également que la couronne ne pût jouir de l'un ou de l'autre, le roi n'étant pas maître de disposer des emplois les moins importans, & il y eut un tems où il ne pouvait pas même renvoyer un domestique qui l'aurait offensé.

Il est clair que le grand objet des Suedois fut d'ôter à leurs monarques tout moyen de redevenir absolus.

Ils semblent ne s'être occupés que de priver la couronne de toutes ses prérogatives. Aveuglés par les maux qu'ils avaient soufferts du despotisme sous les deux regnes précédens, ils ne virent pas que la liberté peut courir d'autres dangers que ceux des usurpations de l'autorité royale; ils oublierent qu'un prince gêné par de trop fortes entraves, peut s'abandonner au désespoir, & recourir, pour s'en dégager, aux plus fatales extrémités.

Comme ils n'avaient vu en dernier lieu la monarchie que sous l'aspect le plus effrayant du despotisme, ils l'eussent probablement abolie, si la masse du peuple n'eut encore été prévenue en sa faveur. En conservant l'office du roi, ils traiterent leur souverain comme un animal dangereux & féroce qu'on ne voudrait pas détruire, mais qu'on accablerait de chaînes pour l'empêcher de nuire.

Rien de plus absurde cependant que l'idée de conserver l'office de roi dans une constitution libre, sans tâcher de le rendre utile à la liberté.

Cette forme de gouvernement qui anéantissait le pouvoir du roi, en en conservant le titre, était-elle propre à rendre la nation libre? Pouvait elle conduire à une fin si désirable & si difficile à obtenir? Etait-elle adaptée au génie, à la disposition, & à la situation des habitans? les Suedois étaient-ils capables dans tous les cas d'en tirer quelque fruit? je crois qu'on ne peut répondre que négativement à toutes ces questions.

Il y avait dans la contexture même de ce gouvernement des vices qui, dans le principe, en annonçaient la chûte. Ces vices affectant bientôt toute la masse de la constitution, avant que le peuple eût pu adopter les principes politiques qui convenaient à sa nouvelle situation, ne tarderent pas à faire éclore tant de corruption, de discussions, de confusion & d'anarchie, que la nation, sans avoir à peine joui de sa liberté, se vit exposée à tous les désordres & à toute la tyrannie que la violence des factions est géneralement capable de produire.

Le vice le plus essentiel & le plus frappant de cette constitution, & qui seul suffisait pour entraîner sa chûte, était le défaut d'équilibre dans toutes ses parties. Car l'existence même du pouvoir exécutif dépendant du pouvoir législatif, celui ci pouvait s'arroger l'autorité entiere. Il pouvait ainsi réunir en lui les deux pouvoirs, & y ajouter encore la puissance judiciaire. C'est ce qu'il avait fait en érigeant des tribunaux momentanés; car leurs membres étant tirés du corps législatif même, & nommés par lui, c'était à peu-près comme si tout ce corps fût devenu lui-même cour de judicature.

Le roi n'était pas en état de réprimer la puissance législative, puisqu'il n'y avait aucune part; elle pouvait s'attribuer tous les droits de la puissance exécutrice. Lorsque ces deux puissances résident dans les mêmes mains, la tyrannie doit s'ensuivre ; & le seul moyen de prévenir leur union, est de souffrir que le pouvoir exécutif ait assez de part à la législation pour être en état de défendre ses prérogatives.

Sous prétexte d'abolir le despotisme, le sénat écrase la noblesse : peu-à-peu la fureur des deux partis acharnés à se supplanter & à se détruire produisit une anarchie complette. La nation se sentit enfin opprimée par une aristocratie mille fois plus tyrannique, mille fois plus insupportable que le despotisme même des rois. La plus grande partie de la nation se voyant donc opprimée par la plus petite qui s'emparait des dignités, des honneurs, des privileges, reconnut enfin qu'elle s'était donné cent tyrans pour un, & le même prétexte, celui de la liberté qui avait détrôné les rois en 1720, les remit sur le trône en 1772.

Peut on trouver, Monsieur, dans l'histoire un point plus ressemblant à la révolution française ? Ne reconnaissez vous pas dans les regnes désastreux de *Charles* XI & de *Charles* XII, ceux de *Louis* XIV & de *Louis* XV. Le despotisme outré de ces rois appelle enfin les peuples à la liberté

par

par l'excès même de leur servitude. L'assemblée nationale n'est-elle pas calquée sur les Etats de Suede ? la révolution n'est-elle pas la même ? même principe, même motif, même base, même esprit, même but, mêmes vices, mêmes fautes : la révolution suédoise dura 52 ans, mais voici les raisons de cette longue durée : les Etats de *Suede* en brisant le sceptre du despotisme, placerent d'abord une poupée sur le trône; tant qu'il ne fut occupé que par la princesse *Ulrique Eléonore*, par son époux *Frédéric I*, par leur fils *Adolphe Frédéric* qui n'y avaient d'autres droits que la volonté de la nation, le nom de roi ne fut qu'un vain fantôme; mais un héros, *Gustave III* monte sur ce trône, il ne doit sa couronne qu'à sa naissance, il la veut entiere; il n'est point obligé de payer comme son ayeul & son pere la faveur de ses sujets par une lache complaisance : il ne lui faut qu'un an, qu'un jour, pour reprendre tous ses droits, & briser d'un seul coup toutes les têtes de l'aristocratie.

Daignez donc, Monsieur, relire l'histoire de cette superbe contre-révolution, & vous aurez le plan de celle que je vous annonce en France, qui arrivera le jour qu'un *Gustave* III montera sur le trône où dort Louis XVI.

J'ai l'honneur d'être,

Monsieur,

Votre, &c.

DE BEAUNOIR.

TROISIEME LETTRE.

*A Madame de G***.*

Quoi ! Madame, je suis malheureux, j'ai perdu ma patrie, & vous ne m'oubliez pas ? vous faites plus, vous voulez connaître le lieu de mon exil. Vous savez que dans les beaux jours de ma vie, vos desirs étaient des loix pour moi ; combien le tendre intérêt que vous prenez à mon sort augmente vos droits sur moi. Je vais donc vous obéir, & cette obéissance me sera doublement agréable; puisque je vais m'entretenir avec vous, & que vous me fournissez, sans le savoir, l'occasion de donner un libre cours à la reconnaiſſance dont mon cœur était plein.

J'habite *Neuwied* ſur les bords du Rhin, je vous vois feuilleter *Voſgien* & *la Martiniere*, & vous me demandez encore qu'eſt-ce que *Neuwied* ?

Neuwied eſt une jolie petite ville à trois lieues au deſſous de *Coblentz* & 16 au-deſſus de *Cologne*. C'eſt la réſidence du prince de *Wied*.

Le Comté de Wied érigé en Principauté, eſt ſitué ſur la rive droite du Rhin qui le ſépare des Etats de Treves & de Cologne : le terrain y eſt bon ; il rapporte en abondance des grains, des fruits, des vins ; on y trouve auſſi des minieres de cuivre & de fer.

Le prince de Wied ſe verrait ſouverain d'un pays bien plus étendu ſur l'une & l'autre rive du Rhin, s'il était en poſſeſſion de tout ce qui fut enlevé à ſes ancêtres, & de ce que leur pieuſe généroſité leur fit ſacrifier dans des tems de ſuperſtition.

La maiſon actuellement regnante eſt une des plus anciennes de l'Allemagne, & avant qu'elle embraſſât la réformation, elle a donné des princes Electeurs à l'Empire.

Les princes & comtes de Wied Neuwied, ont féance à la diette de l'Empire, fur le banc des comtes de Veftphalie.

La ville de Neuwied que l'on peut regarder comme l'ouvrage du Prince regnant, contient aujourd'hui entre 6 à 7000 ames.

Je ne puis mieux vous faire connaître l'efprit du gouvernement de Neuwied qu'en vous tranfcrivant littéralément cet avis que la régence rendit public au mois de mars 1762.

AVERTISSEMENT.

„ Neuwied eft une jolie ville fur le bord du Rhin entre Bonn & Coblence, la fituation en eft heureufe.

C'eft une affez grande plaine terminée du côté oppofé au Rhin par des collines & des montagnes en amphithéâtre, qui préfentent à l'œil une riante variété de champs, de prairies, de vignes & de vergers très bien cultivés.

La ville eft bâtie fur un plan régulier, & s'aggrandit avec d'autant plus de facilité, que les matériaux à bâtir de toute efpece, ſont à portée, auſſi-bien que la main-d'œuvre & toutes les choſes néceſſaires à la vie, de même que les bois à brûler.

Les eaux y ſont bonnes, le bled excellent, toutes les viandes de boucherie de bonne qualité, auſſi-bien que les légumes, le fruit, le poiſſon, la volaille & toute ſorte de gibier. (Ce gibier y était à cette époque très-abondant, mais le Prince regnant a fait aux cultivateurs le généreux ſacrifice de cette abondance).

Les vins du Rhin ſont aſſez connus ; la biere & le pain de Neuwied, auſſi bien que le genievre & toutes ſortes d'eau-de-vie ſont en réputation dans les environs & aſſez au loin. Il n'y a pas, juſqu'aux pains-d'épice qui s'y font, qui ne ſoient eſtimés & recherchés.

Les vins rouges appellés *Bleichert* croiſſent aux environs de Neuwied. Les meilleurs vins blancs n'y croiſſent pas, mais la ville eſt à portée des vignobles les plus eſtimés ; il ſerait aiſé d'y faire auſſi l'étape d'un grand commerce des uns & des autres.

Au reſte on reçoit également les étrangers de tout ordre qui veulent s'y établir, pourvu que leur réputation ſoit bonne, qu'ils ne ſoient pas d'un caractere à troubler la paix du lieu, & qu'ils puiſſent vivre ou de leurs fonds, ou par le commerce, ou par quelque travail honnête que ce ſoit. De telles perſonnes ſont aſſurées d'y trouver tout l'accueil & toute la protection qu'elles peuvent raiſonnablement ſouhaiter de la part de la régence & du magiſtrat. Ceux qui ont été au ſervice ailleurs, jouiſſent des honneurs & prérogatives que leurs charges & leurs grades leur donnent droit de prétendre.

Des veuves de conditions, & des familles nobles qui s'y ſont retirées, paraiſſent s'y trouver bien, & être contentes des procédés qu'on y a pour elles.

La place eſt très-favorable au commerce, de quelque nature qu'il ſoit; il y eſt libre à tous égards, & y ſera toujours protégé & encouragé.

La ſituation de Neuwied eſt auſſi commode qu'aucune autre pour l'achat & pour le débit; les marchandiſes de Hollande & de France y viennent par eau juſqu'aux portes des magaſins, & les foires de Bonn, de Coblence, de Mayence, de Francfort,

&c. en aſſurent la vente commode & avantageuſe; par les mêmes raiſons, les fabricans & artiſans de toute eſpece y feraient très-bien leurs affaires; outre que ceux qui ſont paſſés maîtres, ſont reçus pour un fort petit droit d'entrée, & ſans obligation de fournir un chef-d'œuvre. Pour ceux qui n'auraient pas fait leur apprentiſſage ſuivant les loix reçues en Allemagne, le magiſtrat ne laiſſe pas de leur procurer un traitement raiſonnable avec la maîtriſe où ils veulent entrer.

Pour ce qui eſt de la religion, le gros du pays, & la maiſon regnante y ſont réformés; mais outre que les trois religions autoriſées en Allemagne jouiſſent à Neuwied de toute la liberté des loix, & d'une protection impartiale, on y tolere auſſi les ſéparatiſtes quels qu'ils ſoient, pourvu qu'ils ſe conduiſent avec modeſtie, ſans ſcandale & ſans troubler eux mêmes les autres; ſous ces conditions il leur eſt permis de s'aſſembler & de faire leur dévotion à leur mode. Les juifs y ont une ſynagogue.

Les étrangers qui ne ſe ſoucient pas de bâtir, trouvent à Neuwied des logemens commodes à louer, quelquefois accompagnés de jardin ; ceux qui aiment mieux faire bâtir ont la place pour rien, &, comme on l'a déjà dit, ils trouvent les matériaux à portée & à bon prix, aussi-bien que les ouvriers nécessaires.

Les droits auxquels les bâtimens sont sujets sont peu de chose, les magistrats les reglent une fois pour toutes suivant l'étendue & l'emplacement de la maison ; encore celles que les étrangers y bâtissent de pierre, en sont-elles exemptes pour quinze ans, & celles de bois pour dix. On accorde aussi aux nouveaux bourgeois qui ne bâtissent pas, quelques années de franchise du droit usité, qui n'est que de deux écus par famille.

Enfin, on ne doit pas oublier l'agrement de pouvoir disposer de ses biens & effets, en se retirant quand on veut, sans gêne & sans assujettissement à aucun droit, ou d'aubaine, ou de quelqu'autre nature.

Tous ces avantages sont sous la protection & sous la garantie de la maison regnante, qui se fait un plaisir & une loi de les procurer & de les augmenter autant que cela dépend d'elle, & que ceux qui les recherchent paraissent en être dignes. Fait à Neuwied le vingt-deuxieme mars 1762. „

Ces avantages annoncés depuis 28 ans, se multiplient tous les jours, & c'est au nom de tous les Français établis à Neuwied que j'en témoigne ma reconnaissance au prince.

Les établissemens les plus considérables de Neuwied sont :

Celui des freres Evangéliques de la confession d'Ausbourg, vulgairement connus sous le nom des freres *Herrnhouts.* Ceux de MM. *Roentgen* & *Kintzing.* La manufacture de MM. *Remi*, pour l'exploitation des forges de fer. La manufacture des siamoises & toiles de coton de MM. *Bleibtreu.* Celle de papiers peints pour ameublement & décoration, de M. *Sonnerat.* La Société typographique tenue par M. *Mettra*, dont le nom est cher aux gens de lettres.

Le nom de *Herrnhouts* vient du plus ancien & du plus nombreux de leurs établissemens, commencé dès l'an 1722, dans la *haute Lusace*, sur la grande route de *Budissin* à *Zittau*, sur le territoire de *Ber-*

tholdsdorf, terre ſeigneuriale appartenante alors au feu comte de *Zinzendorf*, & maintenant à la baronne de *Vatteville*, ſa fille.

Les vrais *Herrnhouts* ſont des hommes aimants, qui ſouffrent de la froideur qui regne dans le commerce des hommes réunis en grande ſociété, & qui ſont liés plus intimément les uns aux autres par une confraternité religieuſe. Partout où cette ſociété s'eſt réunie en corps, elle a porté l'exemple de l'induſtrie, des mœurs, de la ſimplicité, de l'amour de la paix, de l'union fraternelle qui devrait régner entre les hommes.

Leurs cimetieres reſſemblent à des jardins paiſibles, couverts de gazon : les tombes ſont diſpoſées dans une ligne droite; celles des hommes du côté droit, & celles des femmes du côté gauche : les tombes, les inſcriptions ſont pour tous les mêmes; aucun titre, aucun rang ne fait ici des différence : l'expreſſion dont ils ſe ſervent pour exprimer le paſſage de la vie à la mort, peint toute la pureté & la ſérénité d'une ame ſans reproche & ſans crainte : *il eſt allé chez lui*, diſent-ils; expreſſion que ſa familiarité rend ſublime.

L'établiſſement des Herrnhouts à Neuwied fut commencé par un petit nombre de freres & de ſœurs ſuiſſes & français réformés qui ſe retirerent de *Herrnhaag* en 1750. Le prince de Neuwied, actuellement regnant, leur donna en 1751, une conceſſion pour s'établir dans ſa réſidence, & la renouvella avec plus d'étendue en 1756 & en 1781, après avoir fait examiner, à la demande même des freres, la doctrine & la conſtitution de leur égliſe, par une commiſſion de ſa régence. I[illegible]treprirent alors de bâtir un qu[illegible]trée méridionale de la ville ; ils [illegible]ti depuis un ſecond ainſi qu'une égliſe : leur nombre eſt actuellement de 450 à 500, & comme ils ſont en partie français, en partie allemands, le ſervice divin s'y fait alternativement dans les deux langues.

Les freres ont deux penſionnats, l'un pour de jeunes filles depuis l'âge de cinq ans juſqu'à douze, l'autre pour les garçons; celui-ci eſt le plus conſidérable, & renferme dans un grand corps de logis quarante éleves depuis ſix ans juſqu'à treize ; ils ſont partagés en quatre claſſes, ſuivant leur âge ; il y a huit maîtres deſtinés à l'instruction & à l'éducation de cette jeunesse, sous l'inspection d'un chef également recommandable par les mœurs les plus pures, les plus douces, & par de grands talens. Les éleves y apprennent à lire, à écrire, la morale de la religion chrétienne, l'arithmétique, la géographie, l'histoire, le dessin, la géométrie, les langues française, allemande, latine & grecque : le prix de la pension annuelle est de 12 louis ou de 132 florins. On prend le plus grand soin de leur santé, & l'on n'a pas moins d'attention pour le physique que pour le moral; ils ont tous les jours des heures marquées de promenade, & l'on n'use envers eux d'aucune punition corporelle; ils sont tenus avec la plus grande propreté. Ce pensionnat subsiste depuis 33 ans sans que les freres *Herrnhouts* l'aient jamais fait connaître ni par des avertissemens particuliers, ni par la voix des papiers publics, & je n'ai dû le bonheur de confier mon fils à leurs soins, qu'au hasard qui m'a conduit dans leur maison, & à la surprise agréable que m'a causé cette jeune troupe qui annonce en même-tems la candeur, la propreté & la plus grande politesse, éloge & récompense en même-tems de leurs instituteurs. Les enfans étrangers sont presque tous Suisses, Hollandais ou Livoniens; il y a quelques Français.

Tout dans cette maison annonce le calme & la paix qui vaut mieux que le bonheur; mais sur ces fronts paisibles je cherchais vainement le plaisir & le contentement; je voulus sonder leur cœur, & chercher si le calme apparent qui regnait sur leurs fronts avait ses racines dans leurs cœurs; je m'adressai donc à mon guide, qui me paraissait un philosophe doux & éclairé, & je lui dis:

„ Je vois que toute cette société a un „ air imposant de sérénité & d'harmonie, „ mais enfin vous êtes des hommes, & „ parmi les hommes les mieux intentionnés, il naît des dégoûts, des divisions; „ comment pouvez-vous en être à l'abri?

„ Nous le sommes, me répondit il, „ par le but même qui nous rassemble. „ La religion faite pour le bonheur des „ hommes, leur recommande de vivre „ en freres, de s'aimer mutuellement „ comme J. C. les a aimés. Nous ne trou-

„ vons pas qu'on s'aime ainsi dans le grand „ monde, & nous nous en séparons un „ peu pour jouir plus continuellement de „ ce bonheur. Ici nous puisons sans cesse „ à la source de toute affection raisonna- „ ble, en adorant en commun celui qui „ est tout amour. L'individu qui se plaît „ dans une telle société, n'y mettra pas „ le désordre; celui qui ne s'y plaît plus „ est maître de se retirer, & le fait certai- „ nement, car rien chez nous ne produit „ l'hypocrisie, & l'hypocrisie n'y produi- „ rait rien: quiconque cesse d'aimer notre „ société, n'y trouve plus ni intérêt, ni „ plaisir „.

M. *Roentgen* qui était autrefois membre de cette communauté, a fait construire à Neuwied une très belle maison dans laquelle il a établi ses atteliers d'ébénisterie. C'est de Neuwied qu'il envoie, à l'Europe étonnée, les plus beaux meubres faits en bois de mahoni ou autres bois précieux. Il faut mettre de ce nombre ceux mêmes qui ne doivent qu'à son art leur couleur & leur poli. Rien n'égale la beauté, le fini, l'élégance de ses ouvrages; on trouve de ses chef-d'œuvres dans presque toutes les

Cours de l'Europe, mais c'eſt ſur-tout dans celles de *Verſailles*, de *Berlin*, de *Péterſbourg* qu'on peut les admirer. Souvent il a joint ſes talens à ceux de M. *Kintzing*, célebre horloger que poſſede & dont ſe glorifie également Neuwied. Tous ſes ouvrages ſont marqués au coin du génie : des jeux d'orgue adaptés à ſes pendules, & cachés dans les boëtes élégantes de M. *Roentgen*, font oublier, par les charmes de la plus douce harmonie, la rapidité des heures qui s'enfuient, & le charme de cette harmonie eſt ſi puiſſant, que l'impatience d'entendre ces doux ſons, fait accuſer les heures même de lenteur. Il ne doit qu'à lui ſeul ſon art & ſon génie; ſon pere était un ſimple meûnier, qui ſans ſecours, ſans leçons, trouva le moyen de faire des horloges; il fit plus encore, il créa le génie de ſon fils qui n'eut point d'autre maître.

Avec quelle douceur dois-je parler de la Société typographique de Neuwied, où j'ai trouvé la douceur ſous les traits d'un homme ſévere, & la ſenſibilité ſous ceux d'un philoſophe & d'un ſage; mais plus je voudrais donner de force à mes expreſſions, plus ſa modeſtie ſe hâterait de les affaiblir; il ne m'eſt donc permis que de rendre un compte très-ſimple de l'établiſſement typographique que M. *Mettra*, membre de pluſieurs corps littéraires, a formé à Neuwied. Cet établiſſement connu ſous la raiſon de la Société typographique de Neuwied conſiſte, 1°. Dans un magaſin de librairie bien aſſorti, & dans lequel on trouve, outre les richeſſes connues de la littérature françaiſe, toutes les nouveautés que chaque mois fait éclore. 2°. Une imprimerie en taille-douce. 3°. Une imprimerie françaiſe conſidérable, de laquelle ſont ſortis & ſortent encore tous les jours les ouvrages les plus intéreſſans. C'eſt ſous ſes preſſes qu'ont été exécutés le *Monument du coſtume*, grand in-folio orné de 26 gravures de Moreau le jeune, la belle édition de *Cyane*, roman du baron de Bilderbeck, &c. &c. 4°. C'eſt chez la Société typographique que ſe rédigent pluſieurs feuilles périodiques, & la plus piquante de toutes celles qui s'impriment, celle qui eſt ſi connue ſous le titre de *Correſpondance littéraire ſecrete*. (L'année eſt de 52 numéros, & le prix

prix d'abonnement eſt de 24 livres tournois, fr. de port dans toute la France.)

Il ſe fait également à Neuwied une gazette allemande connue dans toute l'Allemagne ſous le titre de *Geſpräche der Todten*, ou *Dialogue des morts*. M. *de Tonder* en eſt à la fois le propriétaire, le rédacteur & l'imprimeur. C'eſt la gazette la plus piquante, la mieux faite, & une des plus répandues de toutes celles qui ſont écrites en Allemand; le grand nombre de ſes ſouſcripteurs eſt une preuve non équivoque du plaiſir que cauſe la lecture.

C'eſt dans cette ville que le Prince regnant fait ſa réſidence; le château nouvellement bâti eſt beau, d'un genre noble & ſimple; il eſt compoſé de trois corps-de-logis ſéparés; celui du milieu renferme les appartemens du Prince, dans les deux aîles ſont les cuiſines, le commun, les écuries & les remiſes.

Le jardin eſt très-beau; le Prince l'a rendu public: il eſt deſſiné dans le grand genre; il eſt ſur-tout remarquable par une ſuperbe terraſſe ſur le Rhin de toute la longueur du jardin, de laquelle on découvre toute la plaine qui ſépare Coblence d'Andernach : ce jardin eſt borné par une belle avenue de peupliers qui a plus d'un quart de lieue de longueur, & qui conduit juſqu'au bord de la Wied au-deſſous du village d'*Erlich*.

Qu'un voyageur décrive les richeſſes, la magnificence, les raretés qui ont ébloui ſes yeux dans les châteaux de Mayence & de Coblence. J'ai trouvé à Neuwied un objet bien plus digne d'admiration. C'eſt le créateur même de ce pays, c'eſt le Prince actuellement regnant, qui jouit de ſon ouvrage, & qui, comme, l'Etre ſuprême, laſſe l'ingratitude par de continuels bienfaits.

Je l'ai vu, ce Prince reſpectable, me tendre une main protectrice, & m'inviter à me fixer ſur cette terre qu'il a vivifiée & qu'il rend heureuſe, m'engager à y appeller ma famille : tout, autour de lui, reſpire le calme de la vertu; mon ame a reconnu ſon élément; dès-lors j'ai pardonné aux hommes leurs injuſtices, j'ai fait plus, je leur en ai ſu gré. Oui, Miniſtres français, deſpotes impérieux, ſi vous n'euſſiez pas été méchans & cruels, ſi vous euſſiez reſpecté mes droits, ma propriété, j'oſe même dire mes talens, je ferais refté fur ma terre natale, & peut-être aveuglé par une fauffe lueur de liberté, j'aurais partagé le délire de ma nation, & me ferais laiffé entraîner au torrent qui ravage ma trifte patrie. Vous m'avez ravi ma fortune & mon état, mais je refpire tranquille fous l'égide de *Frédéric Alexandre.*

Ce Prince jeune encore fut le pacificateur de l'Europe, puifqu'il fut le principal agent de la négociation de paix, à Vienne en 1735. L'amour de l'humanité, le defir d'éloigner de fon pays (dont il n'était encore que l'héritier préfomptif) le fléau de la guerre, dont il reffentait la malignité, le déterminerent à faire le voyage de Vienne; il y vint avec la noble hardieffe de tenter un projet dont aucun politique n'avait eu l'idée, qui n'offrait au premier coup-d'œil que des difficultés, mais que fon génie ardent, fon efprit fécond en reffource, fa perfévérance courageufe firent réuffir.

C'était pour fa paix feule qu'il recherchait la paix; aucun intérêt particulier n'animait fes démarches, aucun avantage particulier n'en fut le prix; il refufa également les offres que lui firent à l'envi, & l'Empereur Charles VI, & la Cour de France : aussi la maison de Bourbon & celle d'Autriche conservent-elles encore le souvenir des services essentiels qu'il leur rendit à cette époque. Sa modestie voudrait en vain dérober son nom à la postérité reconnaissante ; la postérité saura que c'est à lui que la France dut la Lorraine, & la maison de Lorraine le Grand Duché de Toscane.

Après un succès aussi complet, Vienne & Versailles lui présentaient également une carriere brillante à fournir ; il en préféra une moins éclatante peut-être, mais plus véritablement glorieuse, celle de faire le bonheur du peuple dont la mort de son illustre pere remettait le sort entre ses mains : après avoir passé trois années à la Cour Impériale, il revint à Neuwied.

Le goût pour le faste & la dépense que sa mere avait pris à la Cour royale de Prusse, joint à sa trop généreuse bienfaisance, avait mis les finances de sa maison dans un état de délabrement effrayant pour un jeune Prince ; il l'examina d'un œil fixe, & ne s'occupa qu'à le rétablir : tous les facrifices qui ne tenaient qu'à lui furent faits; il eft vrai qu'il fut bien dédommagé de ces facrifices de l'orgueil, par les jouiffances pures & délicates que lui procura l'illuftre & tendre compagne qui s'affocia à fon fort, & qui, par un heureux rapport de goûts vertueux, fait depuis un demi-fiecle le premier bonheur de fa vie, & contribua, en les partageant, à affurer le fuccès de fes travaux.

Le plus grand éloge qu'on puiffe faire de cette Princeffe, qui les mérite tous, qui réunit au même dégré les qualités de l'efprit & du cœur, c'eft qu'elle fut reconnaître & apprécier toutes celles de l'époux qui, en lui demandant fa main, eut la noble franchife de lui avouer que fes finances n'étaient pas fur le pied qu'il defirerait de les voir pour lui offrir un fort digne d'elle, & conforme à fes vœux; qui l'eftima affez pour ofer lui demander fi elle avait le courage de cooperer au rétabliffement de fes affaires dérangées, par des foins, des privations & de la patience.

Cette déclaration franche & loyale était peu faite pour être goûtée par une jeune Princeffe; elle le fut cependant par la

Bourgrave Caroline de Kirschberg, comtesse de *Sayn Hachenburg*; elle en fut touchée, elle ne connut rien de plus doux que de partager les peines & les succès de l'époux le plus tendre & le plus fidele, & du Souverain le plus actif & le plus pénétrant.

Un témoin de sa tendresse pour son illustre époux, de son génie créateur, de son goût agréable & philosophique tout à la fois, est le château de Mont repos, dont elle a fait une *élisée* à deux lieues de Neuwied. Jamais château ne mérita mieux ce nom; les orages s'y forment sous les pieds du Souverain philosophe qui vient y goûter le repos de la vertu; d'épais brouillards couvrent en vain la terre, ils s'arrêtent aux pieds du mont sur lequel s'éleve ce palais enchanteur, & l'horison y est aussi pur que le cœur des maîtres qui l'habitent.

Le bâtiment en est à la fois noble & élégant; on y découvre un horison de plus de trente lieues. Les jardins en sont enchanteurs; tout y inspire à l'ame une tranquillité douce & sans trouble, une joie pure & paisible: c'est le palais de la vertu, c'est le jardin des jeux; on les y trouve tous réunis; on y a même figuré en grand un jeu d'oie & un échiquier garni de toutes ses pieces : on y trouve une salle de spectacle en charmille, plus belle, plus grande & mieux distribuée que beaucoup de salles construites à grands frais dans le sein des villes.

Au milieu de ces jeux, le sage, le philosophe, l'homme sensible sont étonnés de se retrouver dans leur sphere; une chapelle champêtre, où sur un autel de gazon on peut élever son ame vers le grand Architecte de l'univers; un tombeau élevé à l'amitié, enfin une simple chaumiere dont les murailles sont couvertes des plus sublimes maximes d'une philosophie douce & aimante, choisies & composées en partie, par la divinité bienfaisante qui créa ces lieux charmans, contrastent agréablement avec les bosquets où les ris appellent la jeunesse.

Cette divinité bienfaisante eut la bonté de me conduire elle-même dans cette chaumiere, & de me traduire en français toutes ces maximes qui sont écrites en allemand; elle poussa encore plus loin son excès de bonté; elle me fit voir la chambre à coucher de son auguste époux; quelle chambre pour un Souverain! c'est un livre de morale & de philosophie toujours ouvert. L'or, la soie, les broderies n'en couvrent pas les murs; leur ornement surpasse les plus riches tissus; la Princesse a fait peindre en camayeu soixante petits ovales, représentant chacun un emblême philosophique dont le sens est au-dessus. Il est impossible de faire un choix plus noble, plus doux, plus ingénieux; j'en fus frappé : je lui demandai la permission d'en faire copier les dessins & les légendes; elle a daigné sourire à ma demande & me l'accorder; j'en ferai part au public, & je ne doute pas que ce recueil ne soit placé entre Phedre & Epictete.

Derriere le château, après avoir traversé ces jardins délicieux, on entre dans une forêt grande, touffue & ombragée d'arbres antiques par sept allées qui présentent chacune à leur extrémité un point de vue différent.

L'élévation du comte de *Wied* au rang des princes de l'Empire, avait échoué deux fois par le refus même de ce membre important de la constitution germanique, qui a soutenu avec tant de fermeté & de gloire les droits du corps dont il était le chef. Il accepta enfin le diplôme qui le fit prince au mois de juillet 1774. La situation florissante que ses Etats doivent à sa sage administration & à une tolérance dont il a donné l'exemple, prouve les prodiges que les lumieres & l'activité d'un souverain peuvent opérer; on me raconta de lui une foule de traits qui ne sont point assez connus, & sur lesquels il serait à desirer que tous les chefs des sociétés policées voulussent modeler leur conduite. Ses Etats ne forment qu'une famille dont il est le pere, & aucun de ses enfans n'échappe à sa vue. Un jour ce prince était à la promenade avec toute sa famille; il s'en écarte un instant & entre chez un forgeron : *Pourquoi*, lui dit-il, *n'entends-je aucun bruit chez toi? Pourquoi tes marteaux sont-ils oisifs?* -- *Ah! Monseigneur*, répond le forgeron, *je n'ai point de fer, & un malheur que j'ai éprouvé la semaine derniere, m'a ôté les moyens de m'en procurer pour celle ci.* -- *Eh! maraud, ne sais-tu pas où je demeure?* Puis ce bon Prince ajouta avec sensibilité : *Mon enfant, combien te faut-il de fer pour le travail d'une ſemaine?* -- *Pour environ dix écus.* -- *Ecoute, je ſaurai ſi tu dis la vérité ou ſi tu emploies un menſonge pour voiler ta pareſſe; viens me parler demain à huit heures.* Le Prince fait prendre des informations; elles ſont favorables au forgeron qui reçoit le lendemain dix écus dont il avait beſoin.

Tandis que ce vénérable vieillard, dont les jours ſeront à jamais bénis par ſes heureux ſujets, veille aux progrès de l'induſtrie qu'il a fait éclore ſous ſes loix, le Prince héréditaire qui retrace toutes ſes vertus, examine par lui-même les travaux de l'agriculture, les éclaire, les encourage, parcourt les campagnes, ſe fait rendre compte de tous les détails de la culture, répand parmi les cultivateurs ou des ſecours, ou des conſeils ſalutaires, ou de juſtes reproches. La Princeſſe héréditaire, heureuſe d'une famille charmante & nombreuſe, qui ne reſpire que pour l'adorer & l'imiter, fait éclore autour d'elle les talens dont elle donne à la fois & le goût & l'exemple. Sa Cour eſt formée de ſes enfans, & ſes enfans ſont ſa gloire, ſon bonheur & ſon occupation; c'eſt *Minerve* au milieu des Graces & des Arts, leur imprimant le calme des vertus, & partageant la douce joie de leur jeunesse innocente & sensible. Si l'on peut jamais retrouver quelques traces de l'âge d'or tant vanté, c'est dans le Comté de *Wied*.

Philosophes de toutes les nations! hommes de lettres, amis de l'humanité! citoyens paisibles, commerçant éclairé, artiste ingénieux, ouvrier laborieux! vous qui fuyez également le despotisme des Rois, les cruautés des ministres, l'intolérance des prêtres, les fureurs des peuples, venez sur les rives tranquilles de Neuwied: Neuwied est une terre de paix, son Souverain est un philosophe aimable & sensible; son gouvernement est juste, son peuple est doux; le réformé, le luthérien, le catholique, le juif, l'anabaptiste, le morave, y demeurent sous le même toît, & ce toît est silencieux.

Ne venez pas le troubler, vous nobles orgueilleux, qui foulez d'un pied méprisant le pauvre laboureur; vous théologiens intolérans & fanatiques qui faites égorger l'homme au nom d'un Dieu de paix; vous, mauvais citoyens, qui nommez liberté le mépris de toutes les loix, & votre révolte criminelle une noble indépendance.

Voila, Madame, la ville que j'habite, & le port tranquille que j'ai trouvé dans mon naufrage. Si quelquefois je jette un regard de regret ſur ma malheureuſe patrie, c'eſt que vous l'habitez; mais oſez venir ſur cette terre paiſible, & mon cœur n'aura plus de vœux à y former, puiſque je pourrai tous les jours, à toutes les heures du jour vous répéter, & vous prouver que je ſuis l'ami le plus tendre & le plus reſpectueux.

DE BEAUNOIR.

DIALOGUE

Entre un Payſan & ſa Femme.

PIERRE.

Ecoute ici, viens ça, Cateau,
Eſprit bouché, petit cerveau,
Raiſonnons un tantet: tu dis que l'abondance,
Avec tous nos Seigneurs va s'éloigner de France?

CATEAU.

Voire!

PIERRE.

D'abord: plus de dixme au paſteur.

CATEAU.

C'eſt bon.

PIERRE.

A Monſeigneur aucune redevance.

CATEAU.

C'eſt bon: Au Collecteur?

PIERRE.

Petite révérence;
Et puis: *Neſcio vos.*

CATEAU.

C'eſt bon.

PIERRE.

Surcroît d'honneur,
Les Dimanches à la grand'meſſe,
Dans le banc de notre Comteſſe,
Tu pourras te placer dans tes moindres atours.
Sur ces beaux carreaux de velours
Tu prieras Dieu bien à ton aiſe.

CATEAU.

Mais notre homme, ne t'en déplaiſe,
A Prieurs tant aiſés, Dieu donne-t-il ſecours?

PIERRE.

Paſſons.... ſous mon ſarreau le ſoir cachant ma gaule,
J'attaquois en tremblant les noyers du chemin;
Tous les matins, mon fuſil ſur l'épaule,
J'irai tirer deux lievres, un lapin.

CATEAU.

Eh! qui pendant ce temps bêchera le jardin?

PIERRE.

Bon! nous le laiſſerons en friches;
N'ayant rien à payer nous ſerons aſſez riches.

CATEAU.

Mais encore il nous faut du pain ?

PIERRE.

Du pain ! fi donc, mauvaise nourriture,
C'est du poison.

CATEAU.

C'est du poison !
Qui te l'a dit ?

PIERRE.

Un savant.

CATEAU.

Un oison
En fait-il plus que la bonne nature !

PIERRE.

Il le croit ;

CATEAU.

Il a tort, mais pour notre ménage,
Pour nos habits, pour notre logement,
Pour ta poudre à [illegible], il nous faut quelqu'argent,
Nous n'avons qu'un Louis.

PIERRE.

Eh ! voilà l'avantage
Que nous offre surtout la constitution.
Car pour ce seul Louis, pur & sans alliage,
Nous aurons douze cents petits sols de billon.

CATEAU.

Douze cents !

PIERRE.

Douze cents, tout autant.

CATEAU.

Pour le coup,
C'est où je t'attendois ; car, avouons-le, Pierre,
Ou le Louis valoit beaucoup,
Ou tous ces sols ne valent guere.

FIN.

www.ingramcontent.com/pod-product-compliance
Lightning Source LLC
LaVergne TN
LVHW020447230826
846091LV00004B/1579

* 9 7 8 2 0 1 6 1 2 9 5 3 1 *